まちごとチャイナ

Chongqing 001 Chongqing

はじめての重慶

内陸中国、第4の「直轄市」

Asia City Guide Production

【白地図】重慶

CHINA
重慶

重慶

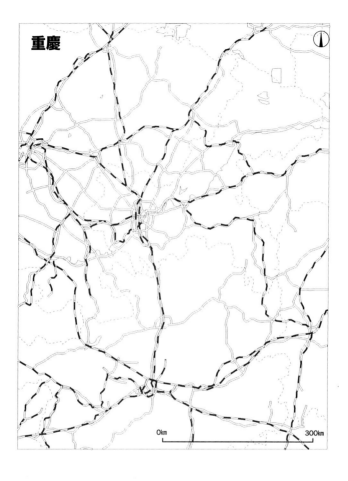

Chongqing 白地図

【白地図】重慶市街

CHINA
重慶

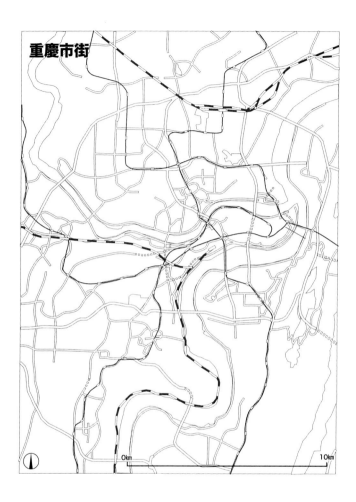

重慶市街

【白地図】旧市街

CHINA
重慶

旧市街

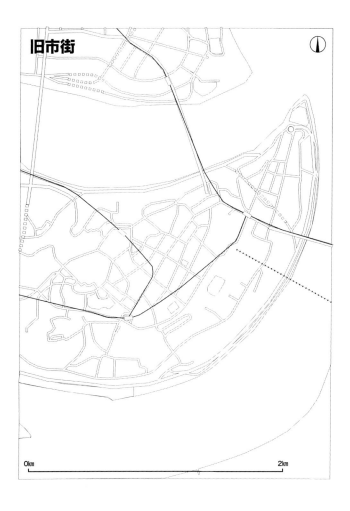

Chongqing 白地図

0km　2km

【白地図】人民広場

CHINA
重慶

人民広場

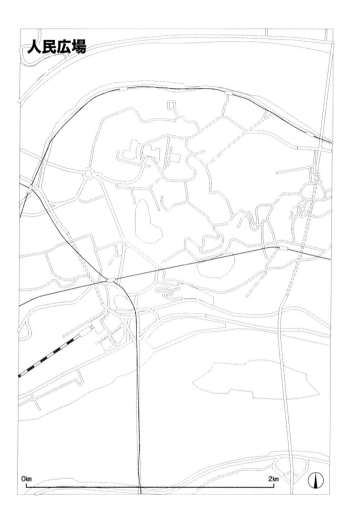

Chongqing 白地図

【白地図】江北

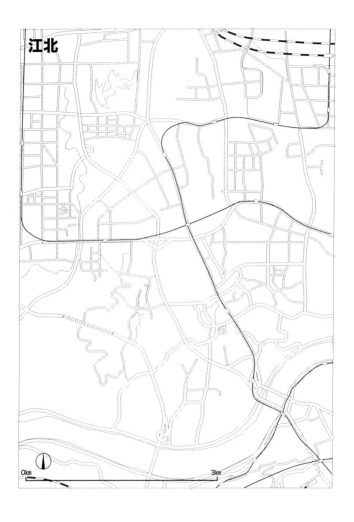

【白地図】三峡下り

CHINA
重慶

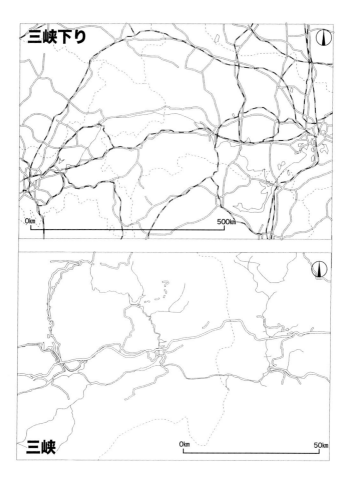

【白地図】大足石刻

CHINA
重慶

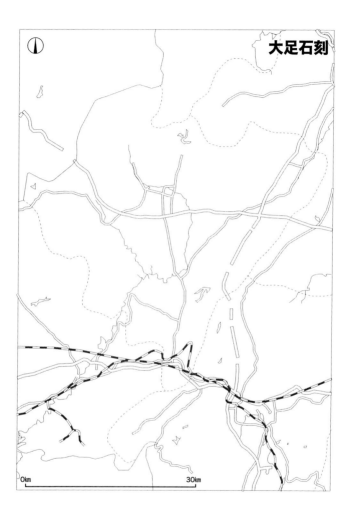

【まちごとチャイナ】
重慶 001 はじめての重慶
重慶 002 重慶市街
重慶 003 三峡下り（重慶〜宜昌）
重慶 004 大足

CHINA
重慶

上海から長江を 2500km さかのぼった内陸部に位置する重慶。長江と嘉陵江が合流する地点の、岩山の斜面を利用して築かれた街は「山城」の異名をとり、長江を通じて重慶は海をもつとも言われる。

重慶の地では紀元前の春秋戦国時代から黄河中流域とは異なる独自の文化が育まれ、とくに長江の水利を生かして中国西南地方の要衝となってきた。また中国沿岸部から遠く離れた地理をもつことから、日中戦争時に蒋介石の国民党の首都がおかれていたという歴史もある（南京、武漢から奥地へ遷

Chong Qing
重慶　重庆 chóng qìng
チョンチン

都された)。

　1997年、発展する中国沿岸部に対し、開発の遅れてきた内陸部の拠点として、重慶は北京、上海、天津に続く4番目の直轄都市となった。市の中心部には高層ビルが林立し、これから発展が見込まれる内陸地帯、また東南アジアやインドへの足がかりにもなっている。

【まちごとチャイナ】
重慶001 はじめての重慶

目次

はじめての重慶……………………………………………xvi

長江上流の直轄都市………………………………………xxii

旧市街城市案内……………………………………………xxx

人民広場城市案内…………………………………………xxxix

重慶郊外城市案内…………………………………………li

城市のうつりかわり………………………………………lxii

CHINA
重慶

【MEMO】

【地図】重慶

【地図】重慶の [★★★]
- 重慶 重庆チョンチン
- 三峡下り 长江三峡チャンジィアンサンシィア

【地図】重慶の [★★☆]
- 大足石刻 大足石刻ダァズゥシィカァ

【地図】重慶の [★☆☆]
- 武隆 武隆ウーロン

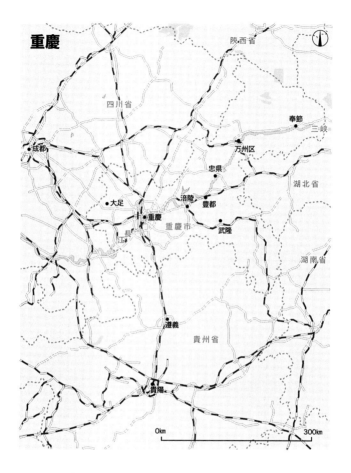

長江上流の直轄都市

CHINA
重慶

「霧都(霧の都)」「巴山夜雨(夜に雨が降る街)」
川の合流点に位置する重慶の気候をさすいくつもの言葉
武漢、南京とならぶ三大火炉(かまど)としても知られる

中国最大の都市

北京、上海、天津に続く4番目の直轄市である重慶は、世界最大規模の3000万人もの人口を抱える。重慶市の面積は北海道とほぼ同じ8万2000平方キロで、他の直轄市と違い農村人口が多いことを特徴とする。この重慶は長いあいだ四川省の一部を構成していたが、1997年、周囲の涪陵市と万県市をあわせて超巨大都市が生まれた(2009年完成の三峡ダムの影響による移住者への雇用対策や公共投資などで強い政策決定権をもち、大きな都市と大きな農村を同時に抱える)。

▲左　しびれる「麻」とからさの「辣」、これが重慶の味　▲右　「山城」重慶の上部へ続く巨大なエスカレーター

めぐりくる喜びの都

重慶の古名「巴」は春秋戦国時代に巴国がここにおかれたことにちなみ、その後、渝水（嘉陵江）のほとりを意味する渝州と呼ばれていた。現在も使われている重慶という名前は、南宋の時代（1189年）、この地に封ぜられていた恭王（趙氏の一族）が光宗として南宋第3代皇帝に即位したことに由来し、「双重喜慶（二重の慶事）」を意味する重慶と名づけられた。またこのほかに順慶（南充市）と紹慶（彭水県）のあいだの地理からとられたという説もある。

重慶

「山城」重慶の構成

重慶の街は、長江と嘉陵江の合流地点の岩山に開け、中心部から西側に陸地が続く半島状の地形をもっている。この街でもっとも標高が低い朝天門(標高160m)から最高地点(標高379m)まで200m以上の高度差となっている。そのため20世紀に入ってからも交通手段として自転車はあまり使われず、エスカレーターや長い階段を行き交う人々の姿が見られる。重慶では20世紀になって1966年に嘉陵江大橋と1980年に長江公路大橋がかけられ、山や川の入り組んだ地形から香港やサンフランシスコにもたとえられる。また嘉陵

Chongqing 長江上流の直轄都市

▲左 嘉陵江北岸の江北には超高層ビルが林立する。　▲右 吊脚楼と呼ばれる建築、この地方独特のもの

江、長江の北側に開発区として両江新区が整備された。

【地図】重慶市街の [★★☆]

- ☐ 朝天門広場 朝天门广场
  チャオティエンメンガンチャアン

【地図】重慶市街の [★☆☆]

- ☐ 紅岩革命紀念館 红岩革命纪念馆
  ホンヤンガァミンジイニェングァン
- ☐ 両江新区 两江新区 リャンジィアンシンチュウ
- ☐ 磁器口 磁器口 ツゥチイコウ

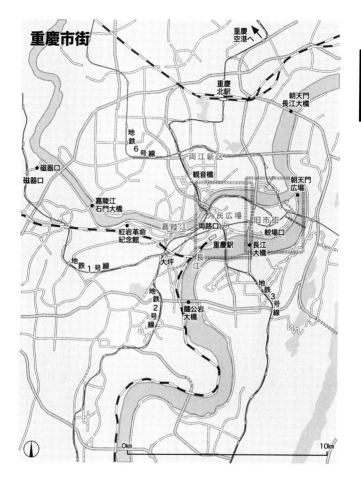

【MEMO】

Guide,
Lao Chong Qing
旧市街
城市案内

CHINA
重慶

長江と嘉陵江にはさまれた山城重慶
近郊の農村から多くの人々が流入し
人口密集地帯を形成している

朝天門広場 朝天门广场
cháo tiān mén guǎng chǎng
チャオティエンメンガンチャアン ［★★☆］

長江と嘉陵江がちょうど交わる地点に位置する朝天門広場。朝天門とは「天子に拝謁する門」を意味し、この街へ着いた天子を迎えた埠頭だったことから名づけられた。長江を行き交う船の発着場所で、唐代の詩人李白もここから旅立ったという。この港から陸揚げされた品々を天秤棒で運ぶ棒棒（バンバン）と呼ばれる労働者の働きも重慶の知られた光景だった。

▲左　鉄道がない時代、重慶の表玄関だった朝天門。　▲右　解放碑あたりは重慶最大の繁華街となっている

解放碑 解放碑 jiě fàng bēi ジエファンベイ［★★☆］

重慶市街の中心に立つ解放碑。日中戦争時に建てられた木造の楼閣をはじまりとし、1950年に鉄筋コンクリート製の抗戦勝利紀功碑となった（盧溝橋事件が起きた7月7日にちなんで7.7丈の高さをもつ）。

重慶火鍋

重慶火鍋は重慶名物として中国各地に広がった鍋料理。四川料理特有の「麻（山椒の辛さ）」「辣（唐辛子の辛さ）」のスープで、野菜や肉を煮込む。もともと重慶の港で働く労働者が

【地図】旧市街

【地図】旧市街の [★★☆]
- ☐ 朝天門広場 朝天门广场 チャオティエンメンガンチャアン
- ☐ 解放碑 解放碑ジエファンベイ

【地図】旧市街の [★☆☆]
- ☐ 洪崖洞 洪崖洞ホンヤアドン
- ☐ 湖広会館 湖广会馆フゥグァンフイガン

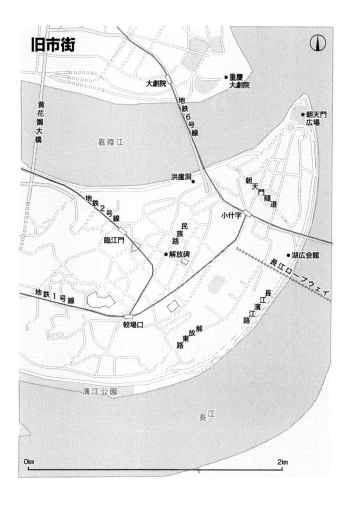

CHINA
重慶

夜に食べていた料理をはじまりとするという。

洪崖洞 洪崖洞 hóng yá dòng ホンヤアドン ［★☆☆］
嘉陵江のほとりの岸辺に広がる洪崖洞。岩山の傾斜を利用した高床式の吊脚楼が見られ、この地方独特の建築として知られる(重慶は言語は北方系だが、建築は南方系であることがうかがえる)。

▲左　洪崖洞は巨大なテーマパークのようなたたずまい。　▲右　中国の伝統建築を今に伝える湖広会館

湖広会館 湖广会馆
hú guǎng huì guǎn フゥグァンフイガン ［★☆☆］

湖北省と湖南省出身の商人や旅人の拠点となっていた湖広会館。創建は清の第4代康熙帝（在位1661年〜1722年）の時代にさかのぼり、湖広商人は長江を通じて内陸の物資と江南の物資の交易を行なっていた。

CHINA
重慶

中原から遠く離れて

長いあいだ、重慶と隣接する四川省は、北京や中原から遠く離れ、山に囲まれた奥地として見られてきた（重慶は山に囲まれた四川盆地の東部に位置する）。三国時代には、曹操に対抗するために諸葛孔明が天下三分の計を唱えて、劉備玄徳が四川で蜀を建国し、また唐代の安史の乱では玄宗皇帝が楊貴妃とともに四川へ逃れてきた。日中戦争時、蒋介石の国民政府が南京から武漢、重慶へと都を遷し、山に囲まれた重慶に進軍できない日本軍は1938年から43年のあいだに重慶空爆を行なっている。

【MEMO】

CHINA
重慶

Guide,
Ren Min Guang Chang
人民広場
城市案内

行政機関や博物館などが集まる人民広場界隈
重慶は抗日戦争の拠点として蒋介石や周恩来が
活躍したという一面ももつ

人民広場 人民广场
rén mín guǎng chǎng レンミンガンチャアン ［★★☆］
重慶の象徴的な建物でもある円形屋根の人民大礼堂や重慶中国三峡博物館などが立つ人民広場（巨大な劇場の人民大礼堂は1954年、北京の天壇を模して建てられた）。朝には太極拳や体操をする人々が見られ、重慶市民の憩いの場となっている。

【地図】人民広場の [★☆☆]

- [ ] 重慶中国三峡博物館 重庆中国三峡博物馆 チョンチンチョングゥオサンシィアボォウゥグァン
- [ ] 周公館 周公馆 チョウゴングァン
- [ ] 桂園 桂园 グイユゥエン

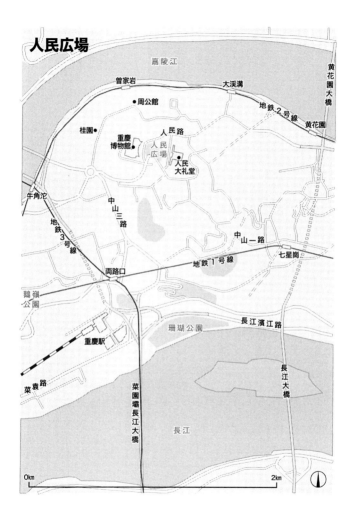

CHINA
重慶

重慶中国三峡博物館 重庆中国三峡博物馆
chóng qìng zhōng guó sān xiá bó wù guǎn
チョンチンチョングゥオサンシィアボォウゥグァン[★☆☆]

重慶にまつわる文物工芸品の展示のほか、この街の歴史を紹介する重慶中国三峡博物館。三峡地域で見られる古代の巴蜀文化の舟形棺桶、また西南中国の少数民族に関する展示品がならぶ。1951年に開館し、その後、総合博物館として整備された。

▲左　周恩来の暮らした周公館。　▲右　人民大礼堂と重慶中国三峡博物館、壮大な空間をもつ人民広場

周公館 周公馆 zhōu gōng guǎn チョウゴングァン [★☆☆]

日中戦争のとき、中国共産党の中共中央南方局がおかれていた3階建ての周公館。1938年、日本軍によって武漢が陥落すると、蒋介石の国民党を追うように中国共産党も重慶に拠点を移した。そのとき書記として赴任してきたのが周恩来（のちの中華人民共和国の首相）で、国民党との対立するなかで活動を続けた。門前には周恩来像が立つ。

CHINA
重慶

桂園 桂园 guì yuán グイユゥエン ［★☆☆］

1945年8〜10月までの43日間、国民党の蒋介石と共産党の毛沢東のあいだで戦後の中国の方針を決める会議が行なわれた桂園。国民党の要職をしめた張治中の公邸跡で、ここで両者のあいだで双十協定が結ばれた(協定が結ばれたものの、両者は国共内戦に突入し、共産党が勝利した)。桂園という名前は、このあたりにモクセイ(桂花樹)があったことによる。

【MEMO】

重慶

磁器口 磁器口 cí qì kǒu ツゥチイコウ ［★☆☆］

嘉陵江のほとりに位置する磁器口。ここは長江の水運を利用して運ばれた物資の集散場所だったところで、現在、明清代の街並みが整備されている。

紅岩革命紀念館 红岩革命纪念馆
hóng yán gé mìng jǐ niàn guǎn
ホンヤンガァミンジイニェングァン ［★☆☆］

日中戦争のときに中国共産党の出先機関がおかれた紅岩革命紀念館。当時の共産党の活動に関する展示が見られる。

▲左　古い街並みが残る磁器口にて。　▲右　江北の観音橋は重慶の新たな顔

両江新区 两江新区
liǎng jiāng xīn qū リャンジィアンシンチュウ［★☆☆］

嘉陵江と、その流れと合流した長江の北側に広がる両江新区。新たに整備された重慶の開発区で、長江にのぞむ港、国際空港などを備える。金融、重化学工業、機械、電子、自動車、オートバイなどの産業を中心に今後の発展が見込まれる（重慶の重工業は、戦時中、日本軍から逃れるように上海から拠点を移してきた企業や工場以来の伝統をもつ）。

【地図】江北

【地図】江北の [★☆☆]
□ 両江新区 两江新区リャンジィアンシンチュウ

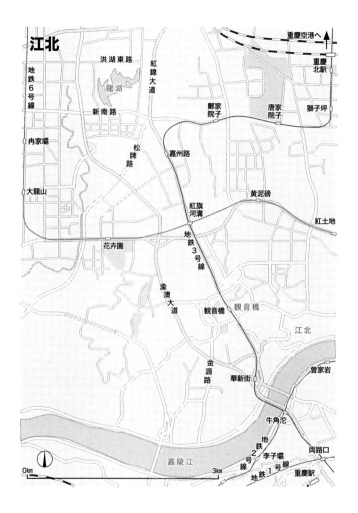

Guide, Chong Qing Jiao Qu
重慶郊外城市案内

重慶から三峡を越え、宜昌、武漢、そして上海
龍にもたとえられる長江をくだる
また重慶郊外の大足石刻は世界遺産に指定されている

三峡下り 长江三峡
cháng jiāng sān xiá チャンジィアンサンシィア［★★★］

中国最大の大河、長江のなかでも両岸から断崖がせまり、その流れが急になる三峡。瞿塘峡、巫峡、西陵峡と続き、重慶から650km下流の宜昌にいたる。「三里行けば曲がり、五里行けば浅瀬」と言われ、長江を行き交う船乗りたちに難所として恐れられてきた。またこの三峡には三国志の舞台となった白帝城（劉備玄徳が臨終にあたって諸葛孔明に国の未来を託した）などの歴史的遺構が残り、杜甫や李白といった詩人がその美しい景色を詠ったことでも知られる。2009年の三

【地図】三峡下りの [★★★]
□　三峡下り 长江三峡チャンジィアンサンシィア

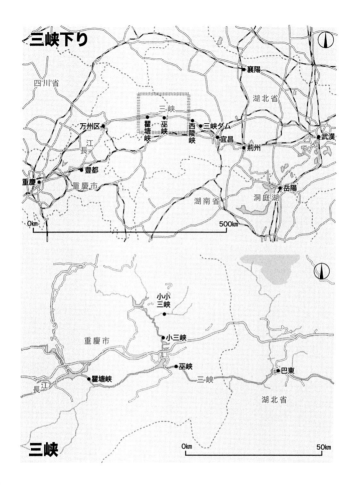

CHINA
重慶

峡ダムの完成とともに水位があがり、以前とは景色が変わったが、巫峡へ流れこむ小三峡や小小三峡といった長江の支流も注目されるようになった。

▲左　文学や歴史に彩られた瞿塘峡、巫峡、西陵峡をゆく。　▲右　大足には見事な仏教彫刻が残る

重慶郊外城市案内

三峡ダム

三峡ダムは高さ185m、長さ1983mの世界最大級のダムで、宜昌近くから600km上流の重慶までを貯水湖とする。長江をせきとめて電力に使うというダムの建設は1919年に孫文によって提唱され、以来、90年のときをへて2009年に完成した。ダムの建設にあたって、多くの街や村が水没し、113万人が新たな街や家屋に移住した。生態系への影響も懸念されるなか、重慶が直轄市に指定され、強力な権限のもとプロジェクトが進められた。三峡ダムの完成で長江の水位があがり、1万トン級の船舶が重慶にまで到達できるようになった。

重慶

大足石刻 大足石刻 dà zú shí kè ダァズゥシィカァ ［★★☆］
重慶から成都に向かう途上の大足には、75か所にわたって石刻や摩崖造像が点在し、仏教石窟や5万体以上の石像が残る（重慶から四川省にかけて仏教遺跡が点在し、とくに大足に集中している）。これらは唐代の9世紀から五代、宋にかけて開削されたもので、敦煌や雲崗に準ずる中国最高峰の仏教石刻として知られる。長安（西安）や洛陽では廃仏にあったが、この地では黄河中流域から離れているがゆえに名作が多く残り、大足では仏教と道教や民間信仰との習合も見られる（四川省の仏教石窟は中原のものより開削時期が遅い）。

大足石刻の構成

大足の旧市街を中心に75か所に分布する大足石刻のなかでも、北山、宝頂山、南山、石篆山、石門山の5つがその代表とされる（湿気の多い四川省では内部に石室をつくる石窟ではなく、摩崖石刻が掘られたのを特徴とする）。中国石窟最後期の傑作が1万点も残る北山仏湾、長さ31mの釈迦涅槃像や千手観音像の宝頂山大仏湾、仏教と道教の習合が見られる石門山の摩崖造像など、これら仏教美術は世界遺産にも指定されている。

【地図】大足石刻の [★★☆]
□ 大足石刻 大足石刻ダァズゥシィカァ

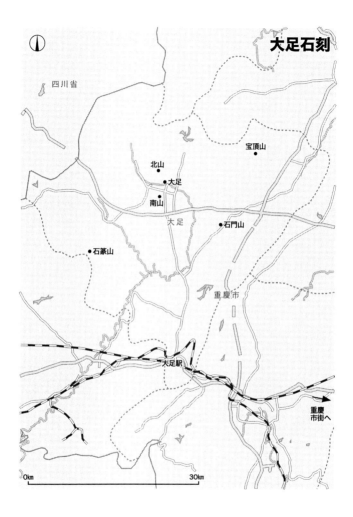

重慶

武隆 武隆 wǔ lóng ウーロン ［★☆☆］

重慶市の東南に位置し、雲南省石林、貴州省荔波とともに中国南方カルストを構成する武隆天坑。この地方の石灰岩地形が降雨などで侵食し、石のアーチをはじめとする得意な景観をつくっている。この中国南方カルストは2007年、世界自然遺産に登録された。

城市のうつりかわり

CHINA
重慶

長江の水運を生かして発展してきた重慶
四川の地とあわせて巴蜀と呼ばれたが
20世紀末、直轄市として四川省から分離した

古代巴国（〜紀元前4世紀）

中原に殷周があった古代、重慶の地には巴国と呼ばれる地方政権があり、当時の青銅器も出土している。『山海経』には「西南、巴国有り」とあり、周代に巴子国がここに都江州をおいたと伝えられる（巴人は武王に従軍し、宗姫が巴に封じられた）。戦国時代、巴は斉、秦や楚とともに地方政権を形成し、大国楚から長江をさかのぼった上流に位置することから楚との交流があったと考えられる。巴からさらに上流には蜀があり、巴蜀のあいだで争いが起こり、やがて西方の大国秦の軍事介入を招いて滅ぶことになった。

Chongqing　城市のうつりかわり

秦漢時代（紀元前 4 〜 3 世紀）

戦国七雄のうち、西方の大国秦は紀元前 316 年に南下して四川と重慶を征服し、巴郡と蜀郡がおかれた（秦の中国統一のなかで最初期に勢力下に入った）。続く漢代の 226 年、都護の李厳が街を拡大して蒼龍白虎門がつくられた。後漢代になると重慶は益州（四川省）に属し、3 世紀の三国時代には劉備玄徳の蜀の勢力下に入った。このあたりは漢族にとって、中国西南地方に暮らす異民族への前線となっていた。

CHINA
重慶

南北朝隋唐時代（6〜10世紀）

重慶をふくむ四川盆地は南北朝の争いの場となり、南朝の支配下が続いたが、551年、北朝（北周）によって巴県、続く隋代の581年、渝州がおかれ、重慶は渝城と呼ばれた（渝水と呼ばれた嘉陵江のそばに位置するため）。以後、隋唐代を通じてこの名前で呼ばれるようになり、現在の重慶の略称である「渝」はこの渝州に由来する。唐代から重慶の夏の暑さは有名で、よその土地のものは病になると言われた。

▲左　卓球を愉しむ人々、夏の暑さは相当なもの。　▲右　重慶旧市街にて、坂がとにかく多い

宋元時代（10〜14世紀）

宋代になると江南が経済発展を見せ、長江上流域も開発が進むようになった。重慶という名前は、南宋時代の1189年、この地に封ぜられていた恭王が第3代光宗に即位したことにちなみ、「双重喜慶（二重の喜び）」を意味する重慶と呼ばれるようになった（自らが封ぜられた地を重慶府に昇格させた）。元代の1239年にモンゴル軍の猛攻をうけたが、朝廷から派遣されていた彭大雅が重慶の城壁を整備していたために一度はその猛攻をしのいだ。やがて重慶はモンゴル軍によって陥落し、翌年の1279年、南宋も滅亡した。

CHINA
重慶

重慶にあった地方政権(14世紀、17世紀)

中国西南部に位置する重慶では、元末、明末の反乱で、この地独自の政権がつくられた歴史をもつ。元末の14世紀に起こった紅巾の乱では、明玉珍が四川全域を勢力下におさめ、「夏」という国号を称して重慶に都をおき、9年間このあたりを支配した(1366年、朱元璋の勢力下に入った)。また明末の17世紀、陝西省の農民反乱軍をひきいた張献忠は、成都と重慶の四川一帯を支配して大西を樹立し、成都を西京とした(やがて清の支配下に入った)。

明清時代（14〜20世紀）

明代には重慶の城郭が整備され、朝天門などから長江を通じて物資が北方に送られるようになった（宋代に「蘇杭熟すれば天下足る（江蘇省、浙江省）」と言われていたが、明末には「湖広熟せば天下足る（湖北省、湖南省）」と生産地が内陸に移っている）。明清時代に運河や水路を通して中国全土を結ぶ流通網ができると、物産が豊かな四川省、雲南省、貴州省を背後に抱える重慶の地位が高まっていった。

CHINA
重慶

重慶の開港（19 世紀）

清代、広州一港で交易が行なわれる鎖国体制が敷かれていたが、アヘン戦争以後、各地の港が開港させられることになった。1842 年の南京条約以後、西洋の宣教師や商人が重慶で活動し、1890 年、イギリスと清朝のあいだで結ばれた煙台条約続増専条で重慶も開港することになった。イギリスにとって中国内陸の富を沿岸に運ぶ長江流域、漢口、鎮江、九江、そして中国西南地域最大内陸の富の物資を集散する重慶はとくに重要だった（イギリスの駐在員が派遣された）。

▲左　重慶は簡体字で「重庆」と表記し、「チョンチン」と読む。　▲右　長江の流れが重慶に恵みをもたらしてきた

中華民国（20世紀）

1912年、清朝に替わって中華民国が成立すると、1929年に重慶は市に昇格し、中国人による都市建設が進んだ（西欧で建築を学んだ人々が重慶に洋館を建てた）。1937年、日中戦争が勃発後、南京の蒋介石政権は日本軍の進軍を避けるため武漢、重慶へと都を長江の上流へと遷していった。このとき上海などの工場や産業も重慶に拠点を移し、重慶の重工業の基礎が築かれた。戦後、首都は再び南京に戻ったが、重慶には当時の遺構がいくつも残っている。

CHINA
重慶

中華人民共和国（1949年〜）

蒋介石の国民党と毛沢東の共産党による内戦をへて、1949年、中華人民共和国が成立すると、重慶は天津、上海、武漢、瀋陽、ハルビンとならぶ六大重工業都市とされた。日中戦争時代からの重工業が発達し、とくに鉄鋼、化学工業、自動車、バイクの部品産業などが知られている。1997年、重慶は直轄市に指定され、現在、旧市街の北側の両江新区が整備が進むなど、内陸中国への拠点として注目されている。

参考文献

『中国の歴史散歩〈4〉』（山口修・鈴木啓造 / 山川出版社）

『近代中国の都市と建築』（田中重光 / 相模書房）

『成都重慶物語』（筧文生 / 集英社）

『四川と長江文明』（古賀登 / 東方書店）

『重慶国民政府史の研究』（石島紀之・久保亨 / 東京大学出版会）

『重慶爆撃とは何だったのか』（荒井信一 / 高文研）

『Asia 21 中国 / 内陸（重慶・成都）特集号』（株式会社アジアにじゅういち）

『世界遺産めぐり(26) 重慶市・大足 大足石刻』（劉世昭 / 人民中国）

『世界大百科事典』（平凡社）

［PDF］重慶地下鉄路線図 http://machigotopub.com/pdf/chongqingmetro.pdf

［PDF］重慶空港案内 http://machigotopub.com/pdf/chongqingairport.pdf

まちごとパブリッシングの旅行ガイド
Machigoto INDIA , Machigoto ASIA , Machigoto CHINA

【北インド - まちごとインド】

001 はじめての北インド
002 はじめてのデリー
003 オールド・デリー
004 ニュー・デリー
005 南デリー
012 アーグラ
013 ファテープル・シークリー
014 バラナシ
015 サールナート
022 カージュラホ
032 アムリトサル

【西インド - まちごとインド】

001 はじめてのラジャスタン
002 ジャイプル
003 ジョードプル
004 ジャイサルメール
005 ウダイプル
006 アジメール（プシュカル）
007 ビカネール
008 シェカワティ
011 はじめてのマハラシュトラ
012 ムンバイ
013 プネー
014 アウランガバード
015 エローラ
016 アジャンタ
021 はじめてのグジャラート
022 アーメダバード
023 ヴァドダラー（チャンパネール）
024 ブジ（カッチ地方）

【東インド - まちごとインド】

002 コルカタ
012 ブッダガヤ

【南インド - まちごとインド】

001 はじめてのタミルナードゥ
002 チェンナイ
003 カーンチプラム
004 マハーバリプラム
005 タンジャヴール
006 クンバコナムとカーヴェリー・デルタ
007 ティルチラパッリ
008 マドゥライ
009 ラーメシュワラム
010 カニャークマリ
021 はじめてのケーララ
022 ティルヴァナンタプラム
023 バックウォーター（コッラム〜アラップーザ）
024 コーチ（コーチン）
025 トリシュール

【ネパール - まちごとアジア】

001 はじめてのカトマンズ
002 カトマンズ
003 スワヤンブナート

004 パタン
005 バクタプル
006 ポカラ
007 ルンビニ
008 チトワン国立公園

【バングラデシュ - まちごとアジア】

001 はじめてのバングラデシュ
002 ダッカ
003 バゲルハット（クルナ）
004 シュンドルボン
005 プティア
006 モハスタン（ボグラ）
007 パハルプール

【パキスタン - まちごとアジア】

002 フンザ
003 ギルギット（KKH）
004 ラホール
005 ハラッパ
006 ムルタン

【イラン - まちごとアジア】

001 はじめてのイラン
002 テヘラン
003 イスファハン
004 シーラーズ
005 ペルセポリス
006 パサルガダエ（ナグシェ・ロスタム）
007 ヤズド
008 チョガ・ザンビル（アフヴァーズ）
009 タブリーズ
010 アルダビール

【北京 - まちごとチャイナ】

001 はじめての北京
002 故宮（天安門広場）
003 胡同と旧皇城
004 天壇と旧崇文区
005 瑠璃廠と旧宣武区
006 王府井と市街東部
007 北京動物園と市街西部
008 頤和園と西山
009 盧溝橋と周口店
010 万里の長城と明十三陵

【天津 - まちごとチャイナ】

001 はじめての天津
002 天津市街
003 浜海新区と市街南部
004 薊県と清東陵

【上海 - まちごとチャイナ】

001 はじめての上海
002 浦東新区
003 外灘と南京東路
004 淮海路と市街西部
005 虹口と市街北部
006 上海郊外（龍華・七宝・松江・嘉定）
007 水郷地帯（朱家角・周荘・同里・甪直）

【河北省 - まちごとチャイナ】

001 はじめての河北省
002 石家荘
003 秦皇島
004 承徳
005 張家口
006 保定
007 邯鄲

【江蘇省 - まちごとチャイナ】

001 はじめての江蘇省
002 はじめての蘇州
003 蘇州旧城
004 蘇州郊外と開発区
005 無錫
006 揚州
007 鎮江
008 はじめての南京
009 南京旧城
010 南京紫金山と下関
011 雨花台と南京郊外・開発区
012 徐州

【浙江省 - まちごとチャイナ】

001 はじめての浙江省
002 はじめての杭州
003 西湖と山林杭州
004 杭州旧城と開発区
005 紹興
006 はじめての寧波
007 寧波旧城
008 寧波郊外と開発区
009 普陀山
010 天台山
011 温州

【福建省 - まちごとチャイナ】

001 はじめての福建省
002 はじめての福州
003 福州旧城
004 福州郊外と開発区
005 武夷山
006 泉州
007 廈門
008 客家土楼

【広東省 - まちごとチャイナ】

001 はじめての広東省
002 はじめての広州
003 広州古城
004 天河と広州郊外
005 深圳(深セン)
006 東莞
007 開平(江門)
008 韶関
009 はじめての潮汕
010 潮州
011 汕頭

【遼寧省 - まちごとチャイナ】

001 はじめての遼寧省
002 はじめての大連
003 大連市街
004 旅順
005 金州新区

006 はじめての瀋陽
007 瀋陽故宮と旧市街
008 瀋陽駅と市街地
009 北陵と瀋陽郊外
010 撫順

【重慶 - まちごとチャイナ】

001 はじめての重慶
002 重慶市街
003 三峡下り（重慶〜宜昌）
004 大足

【香港 - まちごとチャイナ】

001 はじめての香港
002 中環と香港島北岸
003 上環と香港島南岸
004 尖沙咀と九龍市街
005 九龍城と九龍郊外
006 新界
007 ランタオ島と島嶼部

【マカオ - まちごとチャイナ】

001 はじめてのマカオ
002 セナド広場とマカオ中心部
003 媽閣廟とマカオ半島南部
004 東望洋山とマカオ半島北部
005 新口岸とタイパ・コロアン

【Juo-Mujin（電子書籍のみ）】

Juo-Mujin 香港縦横無尽
Juo-Mujin 北京縦横無尽
Juo-Mujin 上海縦横無尽

【自力旅游中国 Tabisuru CHINA】

001 バスに揺られて「自力で長城」
002 バスに揺られて「自力で石家荘」
003 バスに揺られて「自力で承徳」
004 船に揺られて「自力で普陀山」
005 バスに揺られて「自力で天台山」
006 バスに揺られて「自力で秦皇島」
007 バスに揺られて「自力で張家口」
008 バスに揺られて「自力で邯鄲」
009 バスに揺られて「自力で保定」
010 バスに揺られて「自力で清東陵」
011 バスに揺られて「自力で潮州」
012 バスに揺られて「自力で汕頭」
013 バスに揺られて「自力で温州」

【車輪はつばさ】
南インドのアイラヴァテシュワラ寺院には建築本体に車輪がついていて寺院に乗った神さまが人びとの想いを運ぶと言います。

・本書はオンデマンド印刷で作成されています。
・本書の内容に関するご意見、お問い合わせは、発行元の
　まちごとパブリッシング info@machigotopub.com までお願いします。

まちごとチャイナ
重慶001はじめての重慶
〜内陸中国、第4の「直轄市」［モノクロノートブック版］

2017年11月14日　発行

著　者	「アジア城市（まち）案内」制作委員会
発行者	赤松　耕次
発行所	まちごとパブリッシング株式会社 〒181-0013　東京都三鷹市下連雀4-4-36 URL http://www.machigotopub.com/
発売元	株式会社デジタルパブリッシングサービス 〒162-0812　東京都新宿区西五軒町11-13 清水ビル3F
印刷・製本	株式会社デジタルパブリッシングサービス URL http://www.d-pub.co.jp/

MP101

ISBN978-4-86143-235-4 C0326　　　　Printed in Japan
本書の無断複製複写（コピー）は、著作権法上での例外を除き、禁じられています。